DISCOURS

PRONONCÉ LE 31 AOÛT 1812,

JOUR DE LA BÉNÉDICTION DU TOMBEAU ÉLEVÉ,
DANS LE CIMETIÈRE DE SAINTE-RADÉGONDE,
A LA MÉMOIRE DE FEUE

M.ʟʟᵉ EUGÉNIE MAUGARS,

PAR LA PIÉTÉ DE SON VERTUEUX PÈRE.

PAR M. CONSTANT,

Chanoine régulier et Professeur en Théologie de la Congré-
gation de Chancelade, ancien Curé de Braud, Vicaire
général de M. l'Abbé de Chancelade, et de Nos Seigneurs
les Archevéques et Evéques de Bordeaux, Agen, la
Rochelle et Angoulème.

A ANGOULÊME,

DE L'IMPRIMERIE DE BROQUISSE Fils,
Imp.ʳ de la Préf.ʳᵉ et de M. l'Evêque.

1812.

AVANT - PROPOS.

Lɛs regrets, les larmes versées sur la perte des personnes qui nous sont chères, ne peuvent être blâmées. Dans plusieurs endroits de l'Ecriture, l'Esprit saint les approuve. Mais c'est d'une ame chrétienne, dit S. Bernard, de leur donner de justes bornes et d'en éviter l'excès. *Sed etsi nostras defleamus ærumnas, ne id quidem oportet nimis.* t. 1. p. 1360.

M. et M.ᵉ Maugars ont éprouvé, à la mort de leur fille, un malheur qu'aucun des trésors de la terre ne peut réparer. Son image est toujours présente à leurs yeux, et les larmes qu'ils laissent presque continuellement échapper, indiquent la plaie profonde et toujours saignante dont est blessé leur tendre cœur. Les vertus dont cette aimable enfant était douée, et qui devait être leur unique appui dans les besoins d'un âge avancé, rendent légitime leur affliction. Et si David pleura avec des larmes si amères et si abondantes la mort d'Absalon, malgré les grands défauts de ce fils ambitieux, ingrat et dénaturé ; s'il conjure le ciel de ne laisser jamais tomber une goutte de rosée sur les montagnes de Gelboé, où Saül et Jonathas, malgré qu'ils fussent ses persécuteurs, avaient perdu la vie, comment serait-il possible qu'ils épargnassent leurs soupirs et leurs regrets au souvenir d'une aimable fille que les yeux de leur corps ne doivent plus voir ; dans laquelle, chaque jour, s'épanouissaient de si brillantes qualités, et dont ils n'avaient jamais eu le moindre sujet de se plaindre ?

Au temps déplorable de sa mort, la piété, l'amour paternel, et non pas la vanité, (ah, la vanité aurait-elle pu se mêler à une consternation aussi grande) ! leur firent desirer que les dons de la grace que le ciel avait imprimés dans son cœur, fussent publiés dans la chaire évangélique. Cet hommage, si nouveau dans la campagne, rendu à la vertu, attira un grand concours de Fidèles au pied des autels. Les larmes, les plaintes et les prières qui se confondaient ensemble, annonçaient combien l'aimable défunte s'était acquis des droits certains sur tous les cœurs par la sagesse de sa conduite.

On ne regretta pas les frais de l'impression de son éloge funèbre. On en fit tirer 500 exemplaires à Angoulême. Ce nombre fut très-insuffisant pour satisfaire aux demandes qui en ont été faites. La classe la plus infime comme la classe la plus élevée, chacun voulut s'en procurer la lecture. On en réclama à Bordeaux, à Saintes, à Rochefort, à la Rochelle. On fut obligé d'en envoyer à Paris, jusqu'à Naples même. C'est surtout les mères qui ont montré le plus d'empressement à se le procurer, afin de le mettre entre les mains de leurs filles comme un miroir qui leur présentât la manière dont elles devaient se conduire, pour parvenir à la solide gloire que procure la sagesse.

Vertueuses mères, puissent vos filles apprendre dans ce tableau si édifiant, à se rendre dociles à vos utiles conseils, et à mener une conduite qui honore leur jeunesse, et qui vous donne une consolation qui réponde à la vigilance de vos soins! Mille exemplaires de ce petit ouvrage et bien davantage auraient été distribués. Nous devons convenir que ce n'est point la beauté du discours qui a été la cause de cet empressement; mais la beauté de la

vie de celle qui en est le triste sujet. Il a produit pour les
mœurs un bien infini dans tous les lieux où il a été répandu , et l'on en a remarqué des effets merveilleux.

On attend aujourd'hui , avec une sorte d'impatience ,
celui qui a été prononcé relativement à l'inauguration
du mausolée que les parens ont fait élever à la mémoire
de leur chère fille. Ni le marbre , ni rien de précieux
n'est employé dans l'architecture. Modeste comme celle
qu'il couvre , tout y respire la simplicité. La tombe est
une pierre artistement sculptée. Aux entours sont gra-
vées différentes légendes qui expriment l'histoire abrégée
de sa vie, avec les symboles de la mort , un sablier, une
faux ; le tout entrelacé avec des branches du saule pleu-
reur. Cette tombe est surmontée d'un cippe de la hauteur
de huit pieds. Sa forme est triangulaire. Sur chaque face
est sculptée une couronne, dans laquelle on a gravé une
des principales vertus qui ont le plus brillé dans la conduite de la jeune défunte ; la piété , la sagesse et la pudeur. Le sommet du cippe est terminé par les attributs
lugubres qui décorent cette sorte de monument consacré
à la tristesse.

Une pieuse curiosité fait détourner les voyageurs de
leur droite route, pour passer du côté de ce trophée religieux ; et l'on s'est aperçu qu'il n'est personne qui ne
donne , en le regardant , quelque signe dévotieux de
respect et des prières pour le bonheur éternel de celle
qui repose dessous.

Le Discours prononcé dans cette dernière cérémonie ,
devait avoir un plan différent de celui de la sépulture.
Les regrets d'une perte si touchante , la vénération publique qui allait déjà , sans attendre le jugement de l'E-
glise, jusqu'à faire regarder l'aimable défunte comme une

sainte, et à l'honorer comme telle, attirèrent de toutes les contrées des Fidèles en foule. Ces regrets, cette vénération publique se manifestèrent dans cette circonstance de la manière la plus particulière. Le concours fut si considérable que l'Eglise ne put le contenir. Tous les âges, tous les sexes s'y étaient rendus. Le silence le plus imposant y régna, et servit à rendre la cérémonie plus majestueuse. On entendait seulement, pendant le Discours, et à chaque article où étaient relevées ses vertus, les auditeurs se dire mutuellement : elle mérite bien ce qu'on nous raconte d'elle.

Heureux pères, et dignes d'être félicités d'avoir été choisis par la Providence, afin de mettre au monde un enfant si capable de vous honorer, si Dieu, par un don si précieux, a fait éclater sur votre mariage la richesse de ses bénédictions et de ses miséricordes infinies, pouvez-vous vous dispenser de faire éclater votre reconnaissance envers lui, par le don généreux que vous devez lui en faire à votre tour? Et s'il l'a accordé à vos souhaits, et l'a ainsi sanctifié dans sa sagesse, ah! pourriez-vous, en regardant des yeux de la foi, la séparation qu'il en a faite d'avec vous, la considérer comme un malheur, et hésiter de le remettre avec joie et actions de grâces, quand il vous l'a demandé ? Les vertus des enfans mettent en bénédiction la mémoire des pères, comme les vertus des pères y mettent celle des enfans.

Heureuses aussi les filles qui se feront un devoir de visiter ce tombeau ! Cette demeure de la mort leur apprendra quelle gloire solide et combien d'estime leur procurera la pratique des vertus qu'elles verront tracées dans les couronnes qui la parent. Pourraient-elles s'empêcher de répéter avec l'Apôtre : tout ce qui vient du monde

passe rapidement ; tout ce qui vient du ciel , est vérita-
blement ce qui honore et dure toujours. La gloire que
distribuent les hommes est semblable à l'ombre du corps ;
le corps n'est plus, le fantôme de gloire disparaît , et
n'attend même pas la fin de la vie.

C'est vous surtout, Adèle et Eloïse Constant, mes
chères nièces , que j'ai eues spécialement en vue , lorsque j'ai travaillé à ces deux Discours. Votre cœur, jeune
et innocent, n'a point encore aperçu le danger des piéges
que le séducteur infernal tend à l'innocence de votre
sexe. En leur présentant, me disais-je en moi-même,
un tableau si frappant de la manière dont il faut se conduire dans le monde, pour se faire respecter et pour con-
quérir l'estime publique , avec les sentimens d'une ame
bien née et fortifiée des principes d'une bonne éducation,
il les préservera des naufrages qu'une jeunesse sans ex-
périence et qui n'a point appris à se précautionner , ne
manque pas de faire éprouver sur les flots du monde ,
plus périlleux encore que ceux d'une mer orageuse.

Ce Discours qui vous expose le modèle d'une prudente
conduite, je vous le dédie, mes chères et tendres amies,
comme le présent le plus expressif de mon affection pour
vous. Je souhaite qu'après en avoir profité vous-mêmes,
et que passant de vos mains dans celles des jeunes personnes de votre âge , objet également de mon amour en Jésus-christ, il produise des réflexions qui fassent considérer aux unes et aux autres , combien la vertu et la seule
vertu rend estimable aussi bien aux yeux des hommes
qu'à ceux de Dieu. Il vous montrera par l'exemple de
celle dont il est un abrégé de la vie, que ce ne sont pas
les filles qui se produisent le plus en public et qui y éta-
lent le plus d'airs mondains , qui s'attirent une estime

sincère et le véritable respect. En se répandant si facïle-
ment dans le monde, leurs démarches décèlent leurs
motifs, et la bonne idée de leur pureté souffre toujours
quelque altération, si leur innocence ne perd rien. La
vertu, plus elle se cache, plus elle est recherchée. Les
demoiselles qui ne savent pas faire un sage et religieux
divorce avec le monde, sont toujours dupes de son
adresse dans l'art de corrompre les cœurs, ainsi que de
ses fausses louanges. C'est l'avertissement que vous
donne S. Bernard. *Nam apud homines gratia fallax.*
Serm. in nativitate B. m. v. n. 7.

Je pense, mes chères nièces, que je ne puis terminer
ce que je viens de vous dire, d'une manière plus ins-
tructive, qu'en vous citant ce que Tertullien, ce père
de l'Eglise qui avait des idées si profondes et si justes,
qui parlait aux têtes couronnées avec la même liberté
qu'au simple peuple, faisait aux vierges de son temps,
dans un ouvrage écrit exprès pour les exhorter à la modestie. Je vous supplie, leur disait-il, soit que vous
soyez mère, sœur ou fille, suivant les différentes situa-
tions où vos destinées vous placeront, de vous tenir mo-
destement. *Oro te, sive mater, sive soror, sive filia vir-*
go, secundùm annorum nomina dixerim, vela caput.
Faites-le, si vous êtes mère, à cause de vos enfans; si
vous êtes sœur, à cause de vos frères; si vous êtes fille,
à cause de vos pères. En vous, tous les âges ont leurs
dangers. *Omnes in te ætates periclitantur.* Vêtissez-vous
donc du bouclier de la pudeur. *Indue armaturam pudo-*
ris. Qu'une honnêteté qui inspire le respect, vous serve
de rempart, *Circumduc vallum verecundiæ.* Environnez
votre sexe d'un mur qui vous cache aux yeux d'autrui,
et ne lui laisse pas apercevoir les vôtres. *Murum sexui*

tuo

tuo construe, qui nec tuos immittat oculos, nec admittat alienos. Tertul. de virginibus velandis. C. 16. Voilà ; toi principalement, ma chère Adèle, qui as été plus particulièrement l'objet de mes soins, ce que je te conjure de te rappeler sans cesse, de même que les principes de la vertueuse madame Mathieu, dont tu as reçu ton éducation, et qui a si bien rempli mes espérances.

Que Dieu, par sa grace, daigne vous maintenir dans l'innocence et bénir mon ouvrage! Une déplorable circonstance m'en a fourni le beau et lamentable sujet. C'est pour le triomphe des bonnes mœurs, que le Gouvernement lui-même, par d'honorables récompenses, encourage à ramener, et d'où rejaillissent la gloire du Seigneur, le salut des ames et la solidité des Empires, que je me suis appliqué à le faire. C'est l'intention que je me suis proposée. Je souhaite avec ardeur qu'il fructifie pour le bonheur du sexe dont j'ai eu la gloire pour objet.

———————

PROJET de Lettre pour Madame MAUGARS.

MADAME,

J'apprends que la douleur du coup dont Dieu vous a frappée, se renouvelle à chaque instant, et fait sur vous des impressions capables d'altérer votre santé, et qui alarment votre famille.

Vous avez fait une grande perte. Tous vos voisins l'ont ressentie avec vous. Il a même semblé que votre chère Eugénie, que vous pleurez toujours, n'apparte-

B

naît point à vous seule , tant la tristesse était générale ;
qu'elle était la propre fille de ceux qui la connaissaient,
ou qui avaient entendu parler de ses vertus.

Si jamais il y a eu de consolation assez puissante ,
afin de mettre à ses gémissemens des bornes, et de porter
le calme dans l'ame , certes , c'est bien sans doute ,
Madame, cet intérêt si vif et si universel que vous voyez
tout le monde prendre à votre peine. Mais il serait
inutile de chercher ici-bas un parfait allégement à nos
profondes douleurs. Nous habitons le séjour des larmes.
Notre ame y sera plus ou moins tourmentée , dit Saint
Augustin , pendant qu'elle y existera.

Permettez-moi , Madame , de vous observer que cet
état violent de tristesse où vous vous laissez aller , est
peu conforme à la soumission que vous devez à la vo-
lonté du Seigneur. Il vous a visiblement fait connaître
que ce n'est pas dans sa colère qu'il a appelé à lui
votre chère fille ; comblerait-il sa mémoire de tant de
bénédictions ? Mais pour la récompenser , de bonne
heure , des œuvres chrétiennes dont vous lui aviez ins-
piré le goût dès son enfance.

Ne vous montrez donc pas, par vos larmes, regretter
sa félicité. Il faut un terme à tout , excepté à l'amour de
Dieu. Et comment , dit S. Jérôme dans une lettre de
consolation à un de ses amis , qui avait perdu en peu de
jours deux aimables filles et une vertueuse épouse; comment regretteriez-vous d'enfanter au ciel celles que vous
avez enfantées sur la terre ? S. Hieron. ad Julianum.

Je sais qu'il est facile de présenter des motifs de consolation ; mais qu'il n'en est pas de même pour en faire

usage. La raison succombe aux torrens de la douleur qui l'entraînent, quand elle n'est soutenue que de ses propres forces ; mais la foi dans les promesses du Seigneur ne succombe pas : elle nous apprend à nous tenir fermes par le secours de la grace.

Ah ! si votre chère Eugénie eût fait une perte semblable ou approchante de la vôtre, croyez-vous, Madame, avec les vertus que vous lui connaissiez, qu'elle se fût immolée à d'éternels gémissemens ? Elle se serait mis devant les yeux ces vérités conformes à l'esprit de Dieu, et se serait dit : quand la main du Seigneur s'appesantit sur nous, c'est pour nous instruire. Sa grace a différentes manières d'agir pour éprouver notre fidélité. Soit qu'il terrasse, soit qu'il relève, ses coups sont toujours des effets de sa miséricorde bienfaisante. Elle n'aurait pas non plus manqué de dire avec le Saint homme Job, frappé dans la perte de sa fortune, dans celle de ses enfans, réduit, le corps tout couvert d'ulcères, sur un fumier : le Seigneur m'avait donné tout cela ; il me l'a tout ôté ; que son saint nom soit béni !

Voilà, Madame, le langage respectueux d'un cœur qui n'est pas rebelle aux volontés du Seigneur, et qui veut se sanctifier dans les peines qu'il n'est pas dans son pouvoir d'éviter ; et telles auraient été les pensées soumises aux ordres de l'Eternel, de votre aimable Eugénie, si elle se fût trouvée à votre place actuelle, à moins que vous seule n'eussiez voulu lui dénier les vertus que tout le monde a reconnues en elle.

Eh bien, Madame, votre chère fille a été présentée au monde comme un modèle accompli d'une sage conduite. Quelle gloire pour vous d'être, pour parler ainsi, la mère d'un exemple si édifiant! Et si c'est un devoir pour les autres de l'imiter, croyez-vous que vous pouvez être dispensée de le suivre ? Dieu vous a parlé par sa conduite, et vous presse d'y conformer la vôtre. Tenez-lui donc le même langage qu'elle lui aurait tenu elle-même. Le Seigneur vous l'avait donnée dans sa bénédiction, il l'a retirée dans sa miséricorde. Bénissez comme elle son saint nom, et mettez fin à cette accablante tristesse, qui est affligeante pour votre fille, alarmante pour votre famille, et désagréable à Dieu.

DISCOURS

Prononcé le 31 Août 1812,

JOUR DE LA BÉNÉDICTION DU TOMBEAU ÉLEVÉ, DANS LE CIMETIÈRE DE Ste-RADÉGONDE, A LA MÉMOIRE DE FEUE

Mlle EUGÉNIE MAUGARS,

PAR LA PIÉTÉ DE SON VERTUEUX PÈRE.

Dissimilis est aliis vita illius.
Sa vie fut toute différente de celle des autres.

*Ces Paroles sont prises dans le Livre
de la Sagesse. 2.—15.*

Ce n'est plus aujourd'hui, Messieurs, afin d'exciter vos larmes, ou pour vous exhorter à leur mettre des bornes, que je reparais dans cette chaire. Des momens se sont écoulés, et la perte que nous venions de faire de vertueuse Eugénie Maugars, était une plaie trop douloureuse, un coup trop funeste et trop étonnant, pour que l'idée de son bonheur éternel pût nous en consoler si promptement. Tel est l'effet d'une profonde tristesse. Elle anéantit, d'une manière si absolue, toutes les facultés de la raison, que l'esprit, écartant toute pensée agréable, ne s'occupe que de son malheur présent.

L'aimable Eugénie va devenir encore, Messieurs, le sujet de votre attention ; mais c'est sous un point de vue bien différent que je dois vous la montrer. Vous avez pleuré sa mort ; à peine les larmes de quelques - uns de vous ont-elles cessé de couler ; et je vous apporte dans ce moment cette parole consolante du Sauveur du monde, et viens vous dire : ne pleurez plus ; cette fille chérie, le motif de tant de soupirs et de vos justes regrets, vit encore. Oui, Messieurs, Eugénie vit encore dans votre mémoire, où ses vertus la rappelleront sans cesse. Elle vit dans les délices du ciel, où la sagesse de sa conduite l'a placée. Peut-il y avoir de félicité plus grande que cette double vie ? N'est-ce pas tout à la fois exister sur la terre et dans le ciel ? Maîtres du monde! Monarques puissans sur vos Trônes ! qu'est votre bonheur comparé à celui-ci? Vous dominez sur nos têtes ; mais peut-être n'avez-vous jamais vécu dans les cœurs.

Donc l'amertume de notre deuil a dû disparaître dès l'instant que par l'examen que nous en avons, pour ainsi dire, fait ensemble, nous nous sommes aperçus que la conduite d'Eugénie, différente de celle des autres, lui assurait un rang parmi ces ames heureuses qui, faisant un continuel effort contre le torrent de l'iniquité, se sont ornées les mains des palmes de triomphe que leur a méritées leur courageuse fermeté.

Le nom de l'impie périra ; Dieu l'a dit. Non, il n'en sera pas de même de celui d'Eugénie. Le Seigneur a promis que le souvenir du juste existerait éternellement. Dès sa plus tendre enfance, sa sagesse, précédant le nombre des années, et aidée de la grace, l'a conduite par des sentiers qui n'avaient rien de semblable à ceux par où passent les enfans de perdition : *Dissimilis est*

aliis vita illius. Réalisons , Messieurs , cet oracle du
Tout-Puissant. La justice , la piété nous imposent le
devoir de louer ses vertus et de consacrer à sa mémoire
des trophées religieux , qui fassent connaître aux générations futures dans quelle bénédiction du Seigneur et
des hommes elle est sortie de ce monde. C'est tout le
plan de ce Discours.

Mon dessein n'est point, Messieurs , en vous retra-
çant le tableau de la conduite évangélique de l'aimable
fille que nous avons tous si amèrement pleurée, de vous
prescrire un culte de dévotion à sa mémoire, et d'honorer ses précieux restes à l'égal de ceux des saints , dont
nous implorons l'assistance. Il m'a suffi de l'offrir une
fois à votre sensibilité et à votre admiration. C'est à
l'Eglise à prononcer par l'autorité de son chef suprême ,
sur le degré de sa puissance dans le ciel. Mais il nous est
permis du moins, sans qu'une inquiétude jalouse trouve
à redire , et la piété même nous en fait un devoir , de
publier ses mérites , de les faire entendre à tout l'univers, de nous reproduire ses exemples, et de présenter
de nouveau à notre esprit ce qu'elle a mis de particulier
dans sa vie, qui la rend digne de nos hommages.

Je dis que c'est une obligation que nous impose d'a-
bord la piété. Louez après sa mort l'homme vertueux
pendant sa vie , dit l'Esprit saint. Observez, Messieurs,
que c'est plus qu'un conseil; c'est un précepte.

La piété n'est pas seulement , enseigne S. Athanase ,
cette affection pénétrante du cœur qui nous anime sans
cesse à l'amour de notre Dieu , et qui nous fait persévé-
rer dans la ferveur de la prière. La piété consiste encore
à rendre aux ames saintes , qui ne se sont point égarées

de la vérité, comme parle S. Jean, et qui se sont pré-
servées, par le secours d'en haut, des naufrages, hélas !
trop communs à la plupart des hommes, un tribut de
louanges en reconnaissance des exemples édifians
qu'elles nous ont laissés comme un héritage spirituel,
dont peuvent à chaque instant s'enrichir nos cœurs.

Ainsi s'en explique l'Ange de l'école dans sa réponse
à cette question : si les devoirs de la piété s'étendent aux
hommes. Il faut considérer, répond le saint Docteur, que
l'homme devient le débiteur de Dieu et de ses semblables,
de différentes façons. Dans toutes les manières, Dieu ob-
tient le premier rang : *in utroque autem Deus summum
obtinet locum.* Mais c'est à l'homme vertueux qu'est dû
le second.

Il est donc nécessaire d'admettre un double culte. Le
premier qui est le culte par excellence, appelé religion,
et qui n'appartient qu'à Dieu ; le deuxième, désigné
par le nom de piété, d'un degré inférieur, et dont sont
l'objet tous ceux qui, par des mœurs exactes, ont mérité
nos éloges pendant leur vie, et le culte d'honneur que
notre piété leur rend après la mort. Voilà, Messieurs,
la doctrine de S. Thomas, qui justifie la cérémonie que
nous faisons aujourd'hui.

Or, Messieurs, puisque la piété nous prescrit des
hommages pour ceux qui ont mené une vie exempte de
blâme, qui, même de votre propre aveu, mérita mieux
les vôtres que cette vierge innocente à qui vous les ren-
dez maintenant ? Vous n'avez pas oublié le tableau tou-
chant de ses vertus, dont vous nous avez fourni vous-
mêmes les idées. Nous avons compté pour rien ces dons
précieux que la nature libérale, pour ainsi dire, à l'excès, lui avait prodigués ; cette douceur de caractère qui

la

la rendait si agréable à la société; ces charmes piquans qui, se mélangeant, d'une manière si avantageuse, avec les belles qualités de son cœur, et se peignant ensemble sur les traits de son visage, en faisaient un portrait ravissant, qu'embellissait encore la modeste pudeur qu'elle y faisait régner, et qui commandait tellement le respect à tous ceux qui l'abordaient, que l'on ne pouvait s'empêcher d'admirer l'excellence du Créateur dans la beauté de sa créature; cette contenance enfin si réservée dans tout son être, où s'offrait l'heureux concours de toutes les grâces réunies, pour en faire un chef-d'œuvre de délicatesse et d'agrément. Nous avons compté tout cela pour rien.

O! cependant, Messieurs, quel parti favorable ne pouvait-elle point tirer pour la vanité, de tant d'avantages, afin de briller sur le théâtre du monde, si elle n'eût pas voulu rendre sa vie différente de celle des autres! Hélas! tout cela n'est qu'une éblouissante poussière qui s'évanouit comme la fumée que dissipent les vents, se disait-elle à elle-même. Elle avait déjà trop médité, toute jeune qu'elle était, sur la fragilité d'une beauté passagère, pour ne s'être pas aperçue que toute cette richesse naturelle est trompeuse, vaine, et peut devenir fatale : *Fallax gratia et vana est pulchritudo ;* qu'il en est de la beauté comme des tentations ; que Dieu la donne afin de mettre à l'épreuve la fidélité du cœur ; que l'unique emploi que doit en faire une raison éclairée, c'est de la mettre au rang de ces vanités dangereuses contre lesquelles nous prémunit le Sage, en nous en montrant les périls ; et que le seul usage qui convient à une personne prudente d'en faire, c'est de l'oublier et de la sacrifier à Dieu.

C

O! combien de fois n'a-t-elle point dit avec les Agnès:
Seigneur, périssent mes attraits, s'ils pouvaient devenir
une occasion de chûte pour moi, et une amorce de péché
pour les autres! Tel était le langage de son humilité ; et
tels sont en même temps les motifs d'admiration et de
louange que la piété doit exciter dans notre esprit pour
elle.

C'est de la justesse de cette idée, Messieurs, que
Dieu embellit son image, non pas pour que cette image
s'en fasse un sujet d'orgueil aux yeux des hommes, mais
afin d'en faire à lui-même aux yeux des hommes un sa-
crifice qui fasse briller ses perfections à ceux de notre
esprit. C'est, dis-je, de la justesse de cette idée, que
l'incomparable Eugénie, par une inspiration céleste,
forma de si bonne heure le courageux dessein de prati-
quer toutes les vertus qui devaient la préserver de l'abus
que de fatales circonstances mettent tant de ses semblables dans le cas d'en faire. De là ces moyens ingénieux
que sa sagesse lui avait fait inventer, pour se forcer à la
retraite, unique sauvegarde de la pureté des personnes
de son sexe. C'est son amour pour vous, Seigneur, qui
la rendait si prudente et qui la dirigeait dans ces routes,
si inconnues de nos jours, par où vous faites passer vos
élus.

Aussi, Messieurs, rarement la voyiez-vous dans vos
parties de plaisirs, dans vos cercles brillans, où elle
était tant desirée. Elle se cachait sous l'ombre de l'Arche
sainte, afin de se dérober à la brutalité des Philistins; et
si la nécessité de certaines bienséances la forçait d'y paraître, dites-le vous-mêmes, Messieurs, quelle modestie sévère n'y apportait-elle pas ! et cette modestie angé-
lique donnant un nouvel éclat à ses charmes naturels,

avec quel soin ne savait-elle pas écarter tout ce qui aurait pu en flétrir la délicatesse !

Quelle gloire n'eût-elle point recueillie ! quel accueil
n'eût-elle point reçu dans le monde , où aucune rivale
n'aurait pu ni osé lui disputer le prix des agrémens !
quel encens n'eût-elle point fumé en son honneur, si elle
eût voulu recevoir des adorations mondaines ! Qui doute
de la foule des complaisans qu'elle eût attachés à son
char ? Quels soupirs harmonieusement exprimés , si la
sainteté du lieu où je parle me permettait de pareilles
peintures , ne seraient point venus flatter son amour-
propre ! O ! sans doute , toutes les muses auraient pris
à tâche de chanter ses attraits , comme elles chantèrent
ceux des Amaryllis et des Déjopée ; et nous, Messieurs,
au lieu de lui dresser des monumens , de faire retentir
ce temple saint du bruit de ses louanges ; au lieu de brû-
ler à sa mémoire l'encens sur les autels de l'Agneau pur,
et de croire pieusement qu'elle repose dans le sein d'A-
braham , parmi les héritiers de la foi de ce saint Patriar-
che , nous gémirions sur ses dernières destinées , et
nous n'offririons qu'en tremblant pour elle , l'hostie de
propitiation , dont le sang ne doit couler que pour ceux
qui se sont maintenus dans les voies du Seigneur ; et
vous et moi nous pleurerions dans ce moment et le malheur de l'avoir perdue sur la terre , et le malheur plus
désespérant encore de présumer qu'elle le serait aussi
pour l'éternité. Nos voix auraient resté muettes , nos
pleurs se seraient séchés depuis long-temps. Car le désordre des mœurs est une sorte de fléau si nuisible à
tous , que tous ont le plus grand intérêt d'en voir disparaître pour toujours le souvenir.

Mais qu'il s'en faut, Messieurs , que la conduite

d'Eugénie nous fournisse de pareilles appréhensions , et nous présente de si tristes idées ! Malgré son adresse à s'insinuer dans les cœurs, l'esprit immonde ne trouva jamais d'issue au sien. Lorsque nous prononçâmes son éloge funèbre, la voix du peuple qui , dans les premiers jours du Christianisme , canonisait les Saints , se joignit à la nôtre, proclama et ne cesse de proclamer sa prudence et sa sagesse. Depuis cette époque, essaya-t-on d'y contredire ? C'est que tout le monde a vu en elle une constance qui ne s'est jamais démentie, et des œuvres qui , lui assurant un trône parmi les rois du ciel , ne se trouvent pas malheureusement dans la vie ordinaire de celles qui devraient marcher sur ses pas , et dans lesquelles nous ne pouvons découvrir aucune ressemblance de sagesse et de prudence. *Dissimilis est aliis vita illius.*

Qui ignore que c'est à cette persévérance invariable dans les droits sentiers, dont elle ne s'écarta jamais , qu'est attribuée la béatitude éternelle , et que s'appliquent ces paroles de S. Jacques ? *Beatificamus eos qui sustinuerunt.* Qui ignore que la gloire du Seigneur était le terme de tous ses souhaits , dont le zèle ardent la dévorait et dissipait toutes les froideurs que produit souvent la tiédeur dans les ames? Qui ignore enfin qu'elle répétait sans cesse qu'elle ne voulait vivre que pour lui? Entendîtes-vous en aucun temps sortir de sa bouche , aussi pure que celles des anges , d'autres discours que des paroles édifiantes et pleines de flamme de l'amour céleste ? Ah ! aux airs profanes qu'entonnaient autour d'elle les filles de l'impure Babylone , elle substituait adroitement les cantiques de la sainte Syon. Et voilà la raison pourquoi , selon l'expression du saint roi prophète , le Seigneur , préférablement à ses jeunes compagnes , l'avait ointe du baume d'une joie toute divine.

Si je voulais embellir ce Discours , et lui donner les grâces piquantes dont il serait susceptible , je pourrais comparer les mœurs d'Eugénie avec les mœurs de son siècle , et vous en faire voir l'extrême différence. *Dissimilis est aliis vita illius.* Et c'est peut-être à quoi vous vous vous attendez. Mais que ferions-nous , que fournir à la jalousie , ou plutôt à la malignité , d'injustes applications à faire ? Je dois sacrifier la gloire d'une peinture agréable et curieuse , mais vaine , à la gravité du sujet que je traite : c'est le devoir d'un orateur chrétien. Le but de la chaire évangélique se borne , à l'imitation des prophètes , à publier les lois de l'Eternel et ses miséricordes sur ceux qui s'en rendent dignes. Puis-je d'ailleurs ne pas me féliciter d'avoir le bonheur de parler devant un auditoire et dans une contrée où , malgré la corruption presque générale , il n'est personne à qui puissent s'adresser les portraits flétrissans de l'indécence des mœurs du siècle dans lequel nous vivons ? Il n'est au contraire aucune des égales d'Eugénie que nous ne puissions regarder comme émule de ses vertus. Il n'en est aucune qui n'ait regretté et qui ne regrette toute sa vie , d'être privée de cet exemple si digne d'être imité. Nous ne devons donc pas hésiter de croire qu'il n'en est pareillement aucune qui ne lui ait déjà décerné des couronnes dans son cœur , et qui ne soit disposée à orner de guirlandes les mieux choisies , le tombeau que la tendresse paternelle élève aujourd'hui à sa mémoire.

Ne craignons donc pas de les multiplier. Les cendres qui reposent sous ce monument , n'ont de ressemblance avec les autres cendres que celles qu'y met la mort en égalisant tout ce qu'il y a de terrestre dans les hommes ,

mais que la piété ne confondra jamais. Car , pour mériter la vénération publique , il n'est pas nécessaire que ces précieux restes fassent des miracles ; il n'est pas nécessaire que les ossemens se raniment comme ceux dont parle Ezéchiel , et qu'ils ressuscitent les morts , afin d'être persuadés que les ames auxquelles ils ont appartenus , jouissent de la vue de Dieu. Donnez-moi, disait un grand Pape , une personne qui ait fidèlement accompli les commandemens du Seigneur , et je l'offre incontinent à la vénération publique.

Nous ne faisons donc ici, Messieurs, rien de trop , en consacrant nos voix à publier les mérites de l'aimable défunte qui occupe notre attention. Ce tombeau , dressé selon nos vœux , et sous lequel repose sa dépouille mortelle , servira long-temps à instruire les voisins et les étrangers , de quelle manière parmi nous la piété honore la vertu , et combien était méritante celle à l'honneur de laquelle il est élevé.

Mais , si c'est de la piété de respecter et d'honorer la cendre de ceux qui ont laissé le monde dans la paix du Seigneur, la justice, plus stricte encore que la piété , ne nous en fait pas un devoir moins essentiel. Mes réflexions , quoique à peu près les mêmes que les précédentes , serviront de plus en plus à vous développer mon dessein.

Je n'ai fait encore , Messieurs , que vous montrer ce qu'exige de vous la piété pour la mémoire d'Eugénie Maugars. C'était à moi de vous mettre sous les yeux ses titres à vos hommages ; mais dans les principes de la justice , c'est à vous de lui prodiguer vos éloges , et de faire retentir jusques à la voûte des cieux vos acclamations de joie et de reconnaissance envers le Seigneur , pour avoir fait naître et conservé parmi vous , jusqu'à son dernier soupir, un modèle si accompli de tant de vertus morales et civiles tout à la fois , pour l'édification de votre esprit et pour la sanctification de vos ames.

Remarquez - le , Messieurs ; ce ne peut être sans des vues secrètes de sa miséricorde pour le salut des peuples, que Dieu distribue de lieux en lieux , pour ainsi dire , ces flambeaux ardens de sainteté , afin de les éclairer ; qu'il fait dans différentes contrées naître de ces êtres privilégiés de sa grâce. Chaque pays , chaque province se fait gloire de compter ses apôtres , ses martyrs , ses confesseurs. Ils sont donnés pour notre instruction particulière , et nous servent comme d'instituteurs domestiques , afin de nous rappeler , par les lumières de leur conduite , l'image de Jésus-Christ vivant sur la terre , parfait modèle de tous les chrétiens , et dont toutes les démarches ne sont qu'une vive expression des siennes. Pendant leur vie mortelle , ils nous montrent les voies qui mènent à Dieu , en marchant devant nous , et nous conduisent , si l'on me permet de m'exprimer ainsi, par la main , comme un sage mentor conduit son faible disciple. Après leur mort , ils nous laissent pour héritage le souvenir de leurs exemples , qui nous présentent incessamment l'idée de leur félicité actuelle. L'un de ces avantages nous encourage à ne pas nous refroidir dans la carrière difficultueuse de la sainteté ; l'autre nous donne l'espoir , en suivant leurs traces , de parvenir au même bonheur. Sous quelque point de vue qu'on les envisage , ils sont donc nos bienfaiteurs, ces personnages illustres , qui se sont couverts de tant de gloire par leurs vertus.

Or , la justice n'exige-t-elle pas que nous leur soyons

reconnaissans ? N'est-ce pas une obligation de les payer
de retour ? Ce principe indubitable admis , qui peut dis-
convenir que la vertueuse Eugénie, qui nous a tant édifiés pendant sa vie , n'ait droit après sa mort à notre reconnaissance ?

Mais , comment satisfaire à cette reconnaissance ?
L'excellence de son sort n'est-elle pas entièrement indé-
pendante des choses d'ici-bas ? Oui , Messieurs , et de
cette impuissance même de lui être reconnaissans par
les présens de la terre , je conclus et vous devez con-
clure avec moi , que c'est par vos éloge, par vos efforts
à suivre ses traces, éloges le plus flatteurs , que la justice
exige que vous honoriez sa mémoire. Voilà en quoi se
plaisent les heureux du ciel.

Vous faut-il des preuves de cette vérité ? Ecoutez.
Ne dérobez pas , disait l'éloquent évêque de Nîmes , la
gloire de celui qui l'a méritée. C'est une justice de l'honorer. La mémoire des vertus qu'il a pratiquées , continue-t-il , mérite notre admiration. Et vous savez , Messieurs , avec quel éclat , avec quelle supériorité , ce
savant Prélat , la gloire de l'éloquence française , s'ac-
quitta lui-même de cette justice ; comment il trouva
dans sa brillante imagination les moyens de transmettre
à la dernière des générations , le souvenir des illustres
morts qu'il a célébrés dans ses oraisons funèbres ,
avec lesquelles ne peuvent disputer de durée ni le
bronze , ni le marbre.

C'est ainsi que les Bossuet , plus éloquent encore ; les
Mascaron , les Bourdaloue , les Massillon , les Larue ,
génies immortels , ont justifié d'avance les honneurs
qu'aujourd'hui nous rendons à l'aimable Eugénie. Que
leur eût-il manqué pour en faire le plus magnifique tableau ?

bleau? O, combien leur plume se fût animée, en racontant une si belle vie! Leurs ouvrages sublimes ont franchi les montagnes, les fleuves et les mers, parcouru les climats les plus déserts, vaincu tous les obstacles, et répandu jusques chez les peuples les plus éloignés et les plus barbares, l'avantageuse réputation de ceux qui ont eu le bonheur d'être le sujet de leurs impérissables écrits. Dans quelle partie du globe ne sont-ils point lus? Dans quelle langue ne sont-ils point traduits? Et, par conséquent, dans quelle partie du monde est ignorée la mémoire et ne sont point connus les noms des héros chrétiens dont ils ont loué les œuvres de piété? N'est-ce pas une justice visible que le ciel rend lui-même à ces ames vertueuses, d'après ces promesses de préserver leurs noms de l'oubli? Tout ce qu'il y avait en elles de semblable à l'image de Dieu, est devant son trône éternel; et tout ce qu'il y avait en elles de terrestre, Dieu le laisse aux soins de notre dévotion jusqu'à ce moment, où il glorifiera le tout en lui-même.

O vertueuse Eugénie, que n'ai-je les talens de ces grands hommes, pour faire un narré fidèle et naturel de vos brillantes qualités! Les tombeaux que l'on élève; les épitaphes que l'on y grave; les reliefs dont on les décore, tout est rongé par la lime du temps; tandis que les monumens que construisent des plumes savantes, durent toujours. Semblables à ces fameux tombeaux de l'Egypte, connus sous le nom de pyramides, à peine la fin du monde les verra-t-elles finir. Et si la mémoire de Trajan subsiste encore avec fraîcheur, malgré près de deux mille ans écoulés, sa durée ne doit-elle pas être plutôt attribuée au panégyrique qui nous transmet ses vertus, qu'à ses statues que l'on ne voit plus? Crain-

D

drais-je que votre modestie s'en offensât ? Mais combien
tout ce que je pourrais dire ne serait-il pas au - dessous
de ce que vous méritez ? La vanité, qui est le vice des
ames faibles, et dont vous ne fûtes jamais susceptible,
n'a d'empire que sur la terre, et vous habitez le ciel. On
ne peut trop vous louer, on ne peut trop s'efforcer de
faire triompher votre nom de l'oubli, parce qu'il sera
toujours comme un signe de rappel à la vertu parmi
nous.

Et certes que faisons-nous ici, Messieurs ? que répéter
ce que les plus grands Saints, mus par un esprit de justice, ont dit de ceux auxquels ils se croyaient obligés de
payer le tribut de leurs éloges. Qui a plus exalté, à
l'instant même de la sépulture, les rares vertus de l'im-
pétratrice Placide, que S. Grégoire de Nice ? Elle n'a-
vait pas encore fait de miracles ; et quels miracles néan-
moins ne fait-il pas éclater à ses derniers momens, afin
d'exprimer la vénération et la douleur publiques ? Re-
présentez-vous la manière avec laquelle il fait concourir
le Soleil et les airs à publier, par les plus étonnans pro-
diges, les hommages que toute la nature s'empressait de
rendre à sa mémoire. J'ai vu, nous dit-il, le Soleil
s'obscurcir ; j'ai vu une double pluie : *vidi duplicem im-
brem;* l'une tombant de la nue : *unum quidem ex aere;* et
l'autre découlant des yeux de tous les assistans : *alterum
verò ex oculis ;* et celle qui découlait des yeux ne le
cédait pas en abondance à l'autre qui tombait de la nue :
*ac non erat minor pluvia oculorum quam is qui è nubibus
profluebat.*

Que ce soit une pieuse exagération de ce père de l'E-
glise ; ce prodige, Messieurs, ne l'avons-nous pas vu se
réaliser à la triste époque du dernier soupir de la déplo-

rable Eugénie? Des yeux de qui n'ont point coulé des
larmes abondantes? Et si S. Grégoire emploie une image
si hardie, si frappante, afin de nous faire comprendre
la juste idée de la sainteté de l'une, cet état de stupéfac-
tion plaintive, s'il m'est permis de m'exprimer de la
sorte, où se trouvèrent et les Ministres saints, et les
fidèles présens aux cérémonies funèbres, et toute la contrée, dont j'entends encore les gémissemens, prouve-
t-il moins la haute opinion de pureté de vie que nous
avions unanimement de celle-ci? Tout le monde ne sa-
vait-il pas qu'elle était remplie de vertu? *Scit enim*
omnis populus mulierem esse virtutis.

Quel besoin puis-je avoir, Messieurs, d'appuyer de
nouvelles preuves la légitimité de ce que la justice nous
fait dire à la louange d'Eugénie? Mais dois-je dérober
à votre curiosité les éloges mêlés de larmes, dont S.
Bernard fait retentir Clairvaux, et qu'il donne à la mémoire d'un frère qu'il chérissait, et que la mort venait
d'envelopper de ses filets?

Vous savez, mes Frères, disait-il à son auditoire,
combien ma douleur est juste : *quam justus sit dolor*
meus. Je pleure sur vous, ô mon plus tendre ami! *Doleo*
super te, carissime! Non pas que votre sort actuel de-
mande des larmes ; *non quia dolendus*. Quelle félicité
peut égaler la vôtre? Mais parce que la cruelle mort
vous a ravi à la joie de mon cœur ; *sed quia ablatus.*

Après cette vive expression de ses gémissemens, il
poursuit ainsi : vous n'ignorez pas qu'au jugement de
tout le monde, il surpassait tous les autres en sagesse :
omnium judicio omnibus esset sapientior ; que ce n'était
qu'à ses propres yeux qu'il en manquait : *solis in oculis*
suis non erat sapiens. Il a reçu maintenant, continue-t-il,

la couronne immortelle qu'il a méritée : *recepit ille co-*
ronam quam meruit. Non, je ne vous oublierai jamais ;
la justice aussi bien que l'amitié m'en font un devoir :
non obliviscar tui. Ah ! la mort m'eût été mille fois plus
avantageuse que d'être privé de votre présence, ô mon
frère. *Satiùs mihi fuisset periclitari vitâ quam tuâ, ô*
girarde, præsentia !

Où trouverez-vous, Messieurs, des éloges plus ma-
gnifiques, des sentimens de tendresse plus affectueux ?
C'est ainsi que S. Bernard exerçait la justice, en déplo-
rant la perte d'un frère que ses vertus lui rendaient si
précieux. Ce n'est cependant pas de sa tristesse particulière qu'il veut entretenir ses auditeurs ; c'est des bonnes
œuvress de celui qu'il pleure ; et s'il lui place, dans ce
moment, la couronne céleste sur la tête ; s'il fait rayon-
ner déjà sur son front la lumière de gloire qui pénètre
les élus, ne serait-ce pas une injustice de les refuser à
la vierge pieuse, dont nous avons tous été les témoins
édifiés de la sainteté de sa conduite ?

Je dis la sainteté de sa conduite ; afin de concevoir
combien il fallait que son cœur fût disposé à la vertu et
naturellement chrétien, selon l'expression de Tertulien,
considérez, Messieurs, les circonstances orageuses dans
lesquelles a vécu Eugénie ; la facilité qu'elle avait de se
détourner de la droite voie, et la résistance qu'il était
nécessaire d'opposer à la séduction qui la tentait sans
cesse.

Je sens que j'allonge mon Discours ; mais la nature
du sujet exige que je vous montre les nouveaux et nom-
breux périls au milieu desquels elle se trouva, et où
vous étiez vous - mêmes, afin d'apprécier le mérite
qu'elle eut de les éviter. Ce n'est qu'à la vue des com-

bats où triomphent les héros , que l'on peut juger du prix des couronnes qui doivent leur être décernées.

Considérez donc les combats qu'Eugénie eut à soutenir dans sa plus tendre jeunesse , les précipices sur lesquels elle fut balancée, dès son berceau , si l'on peut parler ainsi. Rappelez-vous , car le tonnerre murmure encore , rappelez - vous ce que vos yeux ont vu et que votre raison ne pouvait croire ; rappelez-vous , dis-je , ces époques de fureur et de démence, où pour faire couler le sang sans remords, on s'était attaché, et l'on avait réussi à éteindre tous les principes religieux, à étouffer tous les sentimens innés de la compassion ; ces temps infortunés où pour être pieux , il fallait cacher sa piété ; ces temps où toutes les passions les plus effrénées s'enflammaient à la vue de l'espoir de se satisfaire , et dont ne pouvait plus préserver la sainteté des lieux que la pudeur s'était consacrés ; ces temps de vertiges qu'un esprit de nouveauté et de bouleversement avait amenés au sein de notre heureuse et tranquille patrie , et dont les meurtrières vapeurs , après avoir tout désolé parmi nous , se débordant et franchissant nos frontières , allèrent désoler les paisibles climats de l'Europe entière , et semer partout le désordre politique et moral.

Rappelez-vous encore ces jours de poignards et de proscriptions , où les Autels étaient renversés , les Prophètes égorgés , les cantiques de Syon interdits , et remplacés par les airs voluptueux de Tyr et de Sydon ; jours dont l'histoire conservera les terreurs , pour être mises en parallèle avec les terreurs du dernier des jours ; jours enfin dont les crimes pareils à ces vents brûlans du Midi, qui flétrissent et dessèchent les fleurs et les fruits , ont fait refluer jusqu'à nous toute la boue de l'immoralité

dés siècles impurs de l'aveugle Paganisme ; où le plus
grand nombre des astres , destinés à éclairer la France
dans les voies du salut, frappés d'une épouvante subite ,
reculèrent d'horreur , s'éclipsèrent , et coururent d'une
marche précipitée chercher leur sûreté dans des régions
qui n'avaient pas besoin de leurs lumières ; ces jours en
un mot où le Dieu du ciel , si visible par ses ouvrages ,
dit S. Paul , n'était sur un territoire chrétien , qu'à la
ressemblance du dieu inconnu de l'Aréopage, et où l'on
comptait pour les plus belles vertus les impiétés les plus
sacriléges , et les vices les plus honteux pour un desir de
raison qui n'avait point encore eu d'exemple.

Voilà , Messieurs, les tableaux affreusement magi-
ques et séduisans qui frappèrent les premiers regards de
l'innocente Eugénie. C'est à la vue de tant d'écueils , au-
dessus desquels il fallait s'élever , de tant d'occasions de
se perdre elle-même, en ne sacrifiant plus au vrai dieu ,
à l'exemple de tant d'autres prudemment évitées ; c'est
après avoir considéré le faux honneur qu'il y avait , selon les mœurs de ce temps déplorable, à se livrer impunément aux excès du vice , que vous pouvez juger des
éloges qu'elle mérite , pour s'être montrée digne du témoignage que tout le monde lui rend d'avoir impertur-
bablement resté ferme au poste de la vertu : *testimonium
redditur ab omnibus.*

Or, Messieurs, qu'ont fait de plus héroïque les saints,
aux siècles mêmes des persécutions ? Son sang n'a pas
coulé pour la foi ; mais quel plus grand témoignage est-
il possible de rendre à la foi , que celui d'une conduite
constamment sage et vertueuse ? Comme eux , Eugénie
n'a-t-elle pas opposé la plus ferme résistance à la violen-
ce des plus grandes tempêtes ? Comme eux , n'a-t-elle

pas essuyé les larmes de l'affligé, rassasié la faim du pauvre, donné de salutaires avis, et ramené dans les voies de l'honnêteté celles qui s'en égaraient ? Que ne nous est-il permis d'en citer des exemples ! Vous les connaissez, et je ne dois pas même les insinuer ici. La charité d'Eugénie me le défend. A-t-elle plus qu'eux dévié de la vérité, dans ces temps surtout d'apostasie presque générale, où l'impiété, rougissant elle - même de ses excès, reconnut la nécessité de rappeler, par une loi expresse, les esprits à la croyance de l'existence de Dieu et de l'immortalité de l'ame ? Pendant que tout l'univers chrétien s'écroulait et tombait en ruine, pour ainsi dire, à ses côtés ; que les scandales se multipliaient avec la même rapidité que les plaies de l'Egypte ; pendant que tout ce qui était immonde était regardé comme pur, et tout ce qui était pur regardé comme immonde ; que mille victimes de la séduction tombaient à sa gauche, et dix mille à sa droite dans les abîmes du libertinage, de quelle manière ne resta-t-elle pas inébranlable sous les bannières de la pudeur et de l'honnêteté ? De qui ferons-nous donc l'apothéose ? Qui louerons-nous, Messieurs, si nos éloges ne trouvent pas ici leur place ?

Ce n'est pas aux forces personnelles d'Eugénie que j'attribue le succès de ces triomphes glorieux ; c'est à vous, grand Dieu! c'est à votre grâce bienfaisante, qu'à l'exemple du grand Apôtre elle ne laissa jamais inutile, que tant de victoires sont dues ; c'est à cette grâce puissante qui éclaire la raison, qui rectifie les cœurs, qui nous conduit par des sentiers qui nous distinguent d'une façon si particulière de la foule, quand nous sommes dociles à sa voix. C'est par ces routes cachées aux ames faibles dans la dévotion, qu'elle vous conjurait, Seigncur, de la diriger par la main, comme votre fille bien-aimée, selon l'expression de l'Ecriture. Aussi ne trouvait-elle de joie, comme l'épouse des cantiques, que dans les entretiens célestes qu'elle avait avec vous ! Tout ce qui ne lui parlait pas de son divin époux, n'affectait pas son cœur, et lui devenait dégoûtant et ennuyeux.

Voilà pourquoi, Mesdames, vous, pour qui le ciel a plus particulièrement ménagé cet exemple, permettez-moi de vous le faire observer; voilà pourquoi vous ne la voyiez presque jamais dans vos assemblées mondaines, tombeau ordinaire de votre innocence, où est adoré, non le Créateur de l'Univers, mais le dieu de la volupté. O ! elle connaissait trop le danger des hasards, pour aller au-devant des lyres et des tigres afin de les combattre ; et si la bienséance, ou plutôt sa complaisance pour les jeunes personnes de son sexe, la forçait d'y paraître quelquefois, son austère modestie, son maintien recueilli, la simplicité de sa parure, ne rappelaient-ils pas les autres au respect que le sexe se doit à lui-même, et dont il ne s'écarte jamais impunément? Jamais on n'oubliera le fruit de modestie que produisit sa présence dans un cercle où la vanité, pour briller, couvrait de confusion la pudeur. Tous les torrens du désordre coulaient avec un bruyant murmure et confusément devant elle, sans que sa foi s'en trouvât altérée, et sans qu'elle reculât d'un seul pas dans les routes de la sagesse. *Retrorsùm non abii.*

O ! vous que nous exhortons à marcher sur ses traces, que pensez-vous qu'elle opposât à ces débordemens d'immoralité, produits par nos orages révolutionnaires, et qui occasionnent encore journellement tant de naufrages déplorables parmi vous ? Ce qu'il faut nécessaire-
ment

ment opposer, afin de n'être pas submergé dans le gouf-
fre ; c'est-à-dire, une vie différente de celle des autres :
Dissimilis est aliis vita illius ; un soin attentif à imiter
celles que guide la prudence, et qui ne souillent pas la
pureté de leurs vêtemens, dont la blancheur est un
signe évident de la blancheur de leur ame.

Avec ces précautions, le juste, dit l'esprit de Dieu,
est comme un rocher planté au sein des écueils d'une
mer agitée. Les ouragans se déchaînent et mugissent autour de lui ; les flots s'irritent, et l'impétuosité de leurs
fougueux efforts se brise humblement à ses pieds, sans
qu'il en soit ébranlé. Telle Eugénie a toujours paru à
nos yeux au sein des écueils du monde.

Donnons donc l'essor à nos voix, Messieurs. N'épar-
gnons pas les louanges ; jamais sujet n'en fut plus digne.
Produisons, dit Massillon, les vertus du juste mort,
pour condamner les vices des pécheurs qui vivent. Que
tout sexe, que toute langue, que tout âge s'empressent
de former d'harmonieux concerts et de joncher ce tombeau de fleurs. Célébrons, par des applaudissemens cent
fois répétés, la mémoire d'une jeune vierge qui s'est
rendue digne parmi nous de l'immortalité, par une
conduite si évangélique, si pure, si exemplaire. Que
chacun raconte seulement ce qu'il a vu, et c'en est assez
pour éterniser sa gloire.

O ! nous n'avons pas besoin de témoignages étrangers,
pour être persuadés de ses mérites. Ce ne sont point des
œuvres tirées de l'obscurité des déserts, dont la relation
puisse nous être suspecte. Nous les avons vues ou nous
les avons entendues. Elles nous sont familières, domestiques, pour ainsi dire. Eh ! combien de fois ne les
avons-nous point admirées, plaintes et regrettées, lors-

C

qu'une mort fatale nous en a privés ? Combien de fois
le tableau , que l'impression en a répandu dans le public , loin d'éprouver les contradictions d'une jalousie
dédaigneuse ou d'une piété scrupuleuse , ne nous a-t-il
point édifiés, et n'a-t-il point été applaudi ? C'est , Messieurs, que tout le monde a reconnu qu'il n'était pas flatté.

Puisse-t-il servir à ranimer et à maintenir dans la dé-
cence, la sagesse , l'esprit de religion , sans laquelle il
n'y a ni vertu, ni bonnes mœurs, un sexe aimable ,
mais dont la vertu et les bonnes mœurs seront toujours
le plus beau de ses titres à l'estime et à l'honneur! Vous y
apprendrez , et il vous répétera sans cesse que la sagesse
consiste à vous faire une solide réputation , qui reste
intacte aux traits de la calomnie et de la médisance ;
la prudence, à veiller avec tant de soin sur toutes vos
démarches , que vous ne deveniez jamais victimes des
faiblesses de votre cœur; la modestie, à ne jamais fournir à l'ennemi , par de vaines parures , ou par des airs
peu mesurés, le moyen de vous livrer ses attaques ;
l'esprit de retraite, à ne vous produire qu'avec les plus
grandes précautions dans le tumulte des sociétés ; parce
que vous ne pouvez ignorer que c'est principalement là
que l'on essaye votre fermeté; que se trouvent les abîmes ; que l'on vous juge , et que vous respirez un air
de faiblesse qui vous dispose à des chûtes prochaines et
inévitables, et que vous instruisez imprudemment vous-
mêmes le monde , par une familiarité qui lui découvre
ce que vous avez de défectueux dans le cœur, à vous
accabler de ses mépris , au lieu de le forcer à vous ac-
corder ses applaudissemens. Voilà de quelle utilité est
l'exemple d'Eugénie pour vous, et ce qui fera vivre
éternellement sa mémoire. La vertu , en dépit de l'im-

piété , et quoiqu'elle en frémisse , aura toujours des autels sur la terre , et des couronnes dans le ciel. C'est la piété , c'est la justice qui les lui consacreront.

O, sage Eugénie ! car c'est la sagesse qui vous a rendue si soigneuse de cultiver toutes les autres vertus , n'oubliez pas , dans le séjour éternel que vous habitez , ce peuple chrétien ici rassemblé pour honorer votre mémoire , et suppliez le dieu de clémence , s'il vous restait encore quelque légère tache à purifier, de vous être propice. Vous êtes puissante auprès de lui ; pouvons-nous en douter ? Maintenant dégagée de ces entraves de boue, dont se plaignait S. Paul, tout vous est connu. Nous sommes présens à vos regards : car c'est une vérité de dogme que les bienheureux voient tout en celui dans qui tout existe. Vous nous voyez pieusement occupés à rendre à vos précieux restes les honneurs qui leur sont dus. Quelle joie pour vous, ame céleste , de contempler , du haut de cette montagne sainte, d'où vous dominez sur l'univers, ce concours prodigieux d'admirateurs de vos vertus, qui vous aimèrent en santé , demandèrent avec tant de ferveur, pendant votre maladie , votre rétablissement, pleurèrent votre mort avec des larmes si abondantes ! Vous les voyez à ce moment réunis dans ce saint lieu, pour rappeler à leur esprit vos exemples édifians, et renouveler les éloges qu'ils ont si souvent fait éclater à votre honneur dans leur admiration. Ils veulent eux - mêmes prêter leurs mains reconnaissantes et orner de fleurs ce monument que vous consacrent la justice et la piété. Leurs yeux se sont épuisés de larmes à l'instant de votre mort, qui fut comparée à une calamité publique. Ces louanges , ces larmes , ces fleurs , que sont-elles autre

chose qu'un témoignage le moins équivoque des sentimens d'estime et de la tendre affection dont on était et
dont on sera toujours pénétré pour vous ?

Ah! l'on n'est pas long-temps regretté, quand on
n'a pas vécu vertueux. C'est le terrible sort de l'homme
irréligieux. Sa mémoire s'évanouit comme un éclair;
son nom même se pourrit, selon l'expression si éner-
gique de l'Esprit-Saint : *putrescit ;* mais le vôtre, ô
Eugénie, restera éternellement!

Si nous avons conservé dans toute leur vivacité les
touchantes impressions d'amour et de respect que vous
avez faites sur nous ; si vous nous voyez maintenant
tout empressés à transmettre à la postérité la plus recu-
lée, le souvenir de tout ce qui nous a édifiés en vous,
faites éprouver à notre ame, en lui obtenant une effusion de cette grâce qui vous a vivifiée vous-même,
combien vous y êtes sensible. Rétablissez le calme dans
le cœur de cette mère désolée, victime continuelle de
sa tendresse et de la douleur de votre perte. Faites,
par des consolations intérieures, connaître à ce tendre
père, dont vous faisiez la félicité, et qui ne s'occupait
lui-même que de votre bonheur ; faites-lui connaître
que celui dont vous jouissez au pied du trône éternel, de
celui dont la présence seule fait les vrais heureux,
surpasse infiniment le bonheur que tous ses soins et ses
efforts auraient pu nous procurer sur cette terre infor-
tunée. Protégez les habitans de ce lieu où vous avez
pris naissance. Aidez-nous, par le souvenir de vos
bons exemples et par de fréquentes inspirations, à
suivre les mêmes sentiers par où vous êtes parvenue
à ces trophées religieux que nous prenons tant de plaisir à vous élever, et à nous rendre dignes surtout

nous-mêmes, en suivant vos traces, des couronnes
que nous sommes vivement persuadés que vous pos-
sédez dans le ciel. Ainsi soit-il.

Jonzac , le 1.er Mars 1812.

LE Sous-préfet de l'Arrondissement de Jonzac , Dép.^t de la Charente-Inférieure ,

A Monsieur Maugars , officier de santé à Baignes.

MONSIEUR,

J'avais déjà entendu parler de l'Eloge funèbre de Mlle Maugars , et j'avais le plus grand desir d'en avoir un exemplaire. Veuillez agréer mes plus sincères remercî- mens d'avoir rempli mon vœu. J'ai lu cet Eloge avec le plus tendre intérêt , parce que j'avais été à même d'ap- précier les heureuses qualités dont Mlle Maugars était douée, que je lui devais particulièrement de la recon- naissance pour les bontés qu'elle avait eues pour l'une de mes filles qui s'était trouvée en pension avec elle , et que j'ai partagé la douleur publique qu'a fait naître sa mort inopinée. Ma profonde estime pour l'auteur de cet Eloge , a beaucoup ajouté à l'intérêt que j'ai mis à le lire. Mlle Maugars méritait d'être distinguée , et ses vertus ne pouvaient être plus dignement louées.

J'ai l'honneur d'être avec la plus haute considération ,

Monsieur ,

Votre très-humble et très-obéissant serviteur ,

THENAR.

Paris , le 3i Mars 1812.

Combien , Monsieur, je prends part à votre douleur!
Combien je regrette l'objet qui vous était si cher ! Il m'a
suffi de l'avoir vu , de l'avoir connu , quoique bien rapidement , pour croire avoir eu l'apparition d'un ange :
c'est sous ces traits célestes qu'elle réunissait les vertus
les plus aimables , et les qualités les plus touchantes ;
tandis que ce rare assemblage la rendait la joie et les
délices de votre paternité , il fixait déjà unanimement
sur elle à vingt ans les regards de la vénération , et la
présentait en même temps , à toutes les jeunes personnes
de son âge , comme un exemple précieux de mérite et
d'admiration. Mais cette planète n'était pas digne de la
posséder ; Dieu la réservait de bonne heure à de plus
hautes destinées , elles devaient être sa récompense ;
c'est pour le ciel qu'elle vous a été enlevée ; c'est pour
votre consolation que vous la retrouverez. Je ne cher-
cherai pas à vous en donner d'autres. Toutes celles de ce
monde ont bien peu de pouvoir sur les grandes afflic-
tions du cœur; mais l'expectative de la revoir , et de
partager avec elle un bonheur éternel et divin , sont les
soutiens d'une ame désolée et pieuse comme la vôtre ,
et porteront , j'espère , une douceur infinie dans l'a-
mertume de vos larmes.

Soyez bien persuadé , je vous prie , Monsieur , des
sentimens dont je suis pénétrée pour vous.

PONS-LAVAUGUYON.

M.r de Lavauguyon et M.me de Carignan me chargent

de vous assurer qu'ils les partagent, ainsi que tous ceux que je viens de vous exprimer. Nous avons lu l'Eloge ou plutôt le Portrait que vous nous avez envoyé, avec un intérêt bien sensible pour l'objet et l'organe de votre douleur; vous ne pouviez pas choisir un meilleur peintre, un plus digne orateur, dont nous apprécions le mérite et les talens, autant que nous avons d'amitié pour sa personne.

Chargez-vous, s'il vous plaît, de nos complimens bien sensibles pour Mme Maugars, dans cette cruelle circonstance.

———

Barbezieux, le 22 Avril 1812.

LE PRÉSIDENT du Tribunal de première instance de Barbezieux,

A Monsieur Maugars, officier de santé à Baignes.

MONSIEUR,

Vous avez bien jugé les dispositions de mon cœur, en m'adressant l'envoi que j'ai reçu dans son temps. Je n'ai point été froid ni indifférent au motif de vos regrets si justes, si légitimes. Chaque père, Monsieur, éprouve sa part de sensibilité à la nouvelle de ces coups qui portent le deuil et la douleur dans une famille. Les sentimens doivent être communs, parce qu'ils sont dans la nature. Je me suis donc placé bien près de vous à la triste époque

époque consacrée par l'orateur chrétien dans le juste
Eloge que j'ai sous les yeux. Qu'il me suffise, Monsieur,
de vous avoir donné ostensiblement un petit signe de
vie. Madame votre épouse, vous et moi, avons de
tristes souvenirs. Le 10 juillet et le 29 août sont comptés
parmi nos jours malheureux. La raison et nos amis
adouciront l'amertume de nos ames......

Je vous offre en toute sincérité, Monsieur, l'assurance
de mes sentimens affectueux et de ma parfaite considération.

PELLUCHON-DESTOUCHES.

PARME, le 18 Juin 1812.

J'AI reçu, Monsieur et respectable ami, la lettre bonne
et aimable que vous avez eu la complaisance de m'adresser; cette nouvelle preuve de votre amitié m'a vivement
émue, et m'a fait dire bien des fois depuis cet instant, que la satisfaction la plus grande est d'avoir de
vrais amis; je l'éprouve aujourd'hui par l'intérêt que
vous daignez me porter, et que votre attachement pour
moi sait si bien m'exprimer. J'en suis toute reconnais-
sante, et je vous prie d'agréer en revanche toute l'assurance de ma tendresse. Je ne passe point un seul jour
sans songer à vous et à votre chère épouse. Depuis long-
temps je formais le projet de vous écrire : je sentais que
mon cœur eût été soulagé en vous parlant, avec toute

F

l'effusion de mon ame, de notre bien-aimée Jenny, mais j'ai craint d'augmenter votre peine en vous entretenant ainsi, et c'est ce motif qui m'a privée d'une jouissance bien douce ; mais puisque cette conversation, loin de renouveler votre chagrin, pourra peut-être le calmer un peu, nous parlerons souvent de notre bien bonne amie.

Je commencerai, Monsieur, par vous remercier de m'avoir fait passer l'Eloge si justement mérité de celle que nous chérissions ; et si cette lecture a été pour moi le sujet de bien des larmes, elles ont cependant coulé avec moins d'amertume, en voyant qu'on a su apprécier les qualités et les vertus de celle qui sera éternellement l'objet de nos regrets. J'ai lu et relu avec avidité tout ce qu'on dit de cette chère amie ; le portrait qu'on en a fait est si fidèle, qu'à chaque trait il me semblait la voir.

Je suis on ne peut plus sensible, Monsieur et digne ami, à l'intérêt que vous avez la bonté de mettre à mes lettres : puisque cette marque de mon souvenir peut vous être agréable, je vous donnerai régulièrement de mes nouvelles. J'éprouverai un plaisir infini à vous répéter que la distance qui nous sépare ne fera que donner un degré de plus, s'il est possible, à mon affection pour vous. Je vous prierai également de m'écrire quelquefois ; je serai si enchantée d'apprendre que vous jouissez d'une bonne santé, ainsi que madame Maugars ! Si, en vous entretenant avec moi, il vous semblait causer avec votre enfant, et diminuer, par ce moyen, votre affliction, soyez bien persuadé que cette preuve d'attachement et de confiance serait pour moi d'un prix inappréciable.

Je suis si bien convaincue de toute la bienveillance

que vous me portez, que je vais vous donner quelques détails, espérant que vous les lirez avec intérêt.

Je vous dirai donc que je n'ai qu'à me féliciter du nouveau pays que j'habite. La ville est grande, gaie et agréable, et à peu de différence près, les usages sont les nôtres. Les habitans sont bons et affables. Ma vie est agréable et paisible autant que je puis le desirer ; mais tous ces avantages ne sont rien à mes yeux, lorsque je les compare au chagrin que je ressens d'être loin de ma famille : c'est une privation que rien ne peut remplacer, une idée qui me poursuit sans cesse ; et si je n'avais l'espoir que cette séparation ne sera point de longue durée, je n'aurais pas un moment de repos. C'est absolument cette seule pensée qui me soutient. J'espère aussi ne point laisser écouler une année sans aller embrasser ma famille, si d'ici ce temps-là rien ne change notre sort. Ce projet a tant d'attraits pour moi, qu'il sert à me rendre l'éloignement de mes bons parens moins cruel. Je m'occupe aussi, Monsieur et bon ami, de toute la joie que j'aurai à vous revoir, ainsi que cette bonne madame Maugars, et d'ici je crois voir déjà tout le plaisir que vous me démontrerez en me revoyant ; enfin tous ces projets servent à adoucir le regret que j'éprouve d'être séparée de mes meilleurs amis.

Lorsque vous m'écrirez, Monsieur et cher ami, je vous demanderai une grâce qui sera pour moi d'un grand prix : ce sera de joindre à votre lettre une mèche des cheveux de notre bien-aimée Jenny. Vous apprécierez facilement combien ce cadeau me sera précieux, parce que vous connaissiez toute l'étendue de mes sentimens pour cette chère amie.

Je suis chargée de la part de mon mari de vous dire, ainsi qu'à Madame Maugars, tout ce qu'il est possible d'aimable et d'affectueux. Il a été bien reconnaissant de votre souvenir ; il ne cessera point non plus d'en conserver un bien tendre pour vous.

Je vous prie aussi d'assurer madame Maugars que je l'aime de tout mon cœur, et que je l'embrasse de toute mon ame.

Pour vous, Monsieur et digne ami, je ne vous parlerai point de tous les sentimens que je vous ai voués ; vous savez que mon amitié sera éternelle, ainsi que le respectueux dévouement que vous conservera toujours votre sincère amie,

Betsy SCHIAVINY.

ÉLÉGIE.

LES LARMES DU PÈRE D'EUGÉNIE.

Filia, te, dulcis, *te solo in littore secum*,
Te veniente die, te decedente canebat.
VIRG. Geor.

Objet de sa douleur, objet de son amour,
Toi, qu'il pleurait la nuit, toi, qu'il pleurait le jour.
DELILLE.

Viens ici, tendre Philomèle,
Viens mêler tes chants à mes pleurs;
Accours, plaintive tourterelle,
Ah! je veux avec toi gémir sur mes malheurs.

Plus de soucis, plus de tristesse
Pour le reste de l'univers :
Partout des concerts d'alégresse,
Partout des chants joyeux font retentir les airs.

Auprès d'une source limpide,
Affrontant les traits des chasseurs,
Avec sa compagne timide,
Le cerf, heureux printems, jouit de tes douceurs.

Sous l'ombrage touffu du chêne,
L'oiseau soupire son bonheur;
L'épouse bénissant sa chaîne,
Va cueillir pour l'époux le parfum de la fleur.

Moi seul, dans ma douleur profonde,
Printems, j'ignore tes bienfaits ;
Dans moi seul, ta chaleur féconde
Ne saurait dissiper les soins et les regrets.

Hélas, dans le sein des ténèbres
Laissez-moi déplorer mes maux !
Sur ma tête, cyprès funèbres,
Répandez l'épaisseur de vos sombres rameaux.

O ma fille! ô tendre Eugénie !
La mort, l'impitoyable mort,
Coupant la trame de la vie,
T'a pour jamais, hélas! plongée au sombre bord.

Ses grâces, ses vertus, mes larmes,
N'ont pu fléchir ton bras d'airain,
O mort! trop féconde en alarmes,
Quoi ! tu ne craignis pas d'obéir au destin ?

Ciel! elle n'avait pas encore
Vu passer trois fois huit printems ;
Elle touchait à son aurore,
Quand tu tranchas le fil de ses jours innocens.

Et telle qu'une fleur légère ,
Que flétrit le souffle des vents ,
Ta main juste , mais trop sévère ,
L'enleva pour jamais du séjour des vivans.

O siècle infecté par le vice !
O siècle fécond en forfaits !
Toi , que dégrade l'avarice,
Ne vis-tu pas le pauvre heureux par ses bienfaits ?

Telle , aux déserts de Numidie,
Séjour d'épouvante et d'horreur ,
Qu'habite le tigre en furie ,
La biche a conservé son aimable candeur.

Vous qu'elle effaçait par ses charmes,
O beautés ! marchez sur ses pas;
Gémissez, répandez des larmes !
Peut-être en ce moment que la faux du trépas....!

Tremblez ; frémissez, Eugénie,
Même Eugénie est au tombeau ,
Quoique durant toute sa vie ,
Des vertus en ses mains ait brillé le flambeau.

Ce jour serein , qui vient d'éclore ,
Vous vous le promettez.... hélas !
La tombe à l'instant vous dévore ,
Vous tombez sans retour dans la nuit du trépas.

« O temps , tu passes , tu t'envoles,
Tu fuis sans jamais revenir !
Quittez , mortels , des soins frivoles,
Comptez sur le présent , mais non sur l'avenir.

« Hâtons-nous , disait Eugénie ;
» Cherchons un bonheur immortel.
» Il est deux momens dans la vie,
» Saisissons-les, qu'ils soient tous deux pour l'éternel. »

Témoin de sa vertu sublime,
Echo, témoin de mes douleurs,
Redis cette belle maxime,
Redis en gémissant son nom et nos malheurs.

Par DAUDIN , Etudiant au Collége de Saintes.

ROMANCE.

Dernières Paroles d'EUGÉNIE à Mad. SCHIAFINY.

Hélas! tout est fini pour moi,
Adieu, je pars, ma tendre amie;
O ciel! je pars et sans effroi,
Pour jamais je quitte la vie.
Oui, je sens ta main, ô mon Dieu,
M'ouvrant l'éternité profonde;
Adieu donc, ô Soleil, adieu,
Adieu, divin flambeau du monde.

Printemps de la vie, âge heureux,
Tu ne luis plus pour Eugénie.
Où laissé-je égarer mes vœux?
Qui peut disposer de ma vie?
Mais je sens ta main, ô mon Dieu,
M'ouvrant l'éternité profonde;
Adieu donc, ô Soleil, adieu,
Adieu, divin flambeau du monde.

Tout venait flatter mon espoir,
Tout semblait me dire immortelle....

G

Et cependant à mon devoir
Je demeurai toujours fidelle.
Mais je sens ta main, ô mon Dieu,
M'ouvrant l'éternité profonde;
Adieu donc, ô Soleil, adieu,
Adieu, divin flambeau du monde.

Tout commence, tout doit finir;
La rose, hélas! qui vient d'éclore,
Elle est déjà près de périr,
Et n'a pas encor vu l'aurore.
Mais je sens ta main, ô mon Dieu,
M'ouvrant l'éternité profonde;
Adieu donc, ô Soleil, adieu,
Adieu, divin flambeau du monde.

Rien ne peut échapper au temps :
Tel est l'arrêt de la nature;
Pâtres, Monarques, Conquérans,
Tout des vers devient la pâture.
Mais je sens ta main, ô mon Dieu,
M'ouvrant l'éternité profonde;
Adieu donc, ô Soleil, adieu,
Adieu, divin flambeau du monde.

O de mon cœur, tendre moitié,
Jouis d'un destin plus prospère;
Dieu protecteur de l'amitié,
Ah! prolonge encor sa carrière.
Pour moi, je sens ta main, grand Dieu,
M'ouvrant l'éternité profonde;
Adieu donc, ô Soleil, adieu,
Adieu, divin flambeau du monde.

Par DAUDIN , Etudiant au Collége de Saintes.

~~~~~~

Faites-vous des amis prompts à vous censurer.
BOILEAU.

Car,

Cur nescire, pudens pravè , quàm discere malo ?
HORACE, Art poët.

~~~~~~

EUGÉNIE APPARAIT A SA MÈRE.

Sunt lacrymæ rerum , et mentem mortalia tangunt.
VIRG. Lib. 1 Eneid.

Ah ! le malheur encor trouve des cœurs sensibles !

LE sommeil aux mortels versait ses doux pavots,
Tout dormait, tout goûtait les charmes du repos ;
Seule je méditais, et de frayeur saisie ,
Mon ame s'occupait du destin d'Eugénie.
O dieu puissant, disais-je , hélas ! pourquoi tes mains
Ont-elles enlevé du séjour des humains

Cet objet innocent , cette fille chérie ,
Dont l'œil à peine encor entr'ouvert à la vie ,
Des horreurs du trépas se flétrit sans retour ?
Ne vaudrait-il pas mieux ne voir jamais le jour !
Ne vaudrait-il pas mieux !.... Ainsi d'un dieu suprême ,
J'accusais les desseins dans ma douleur extrême ,
Quand soudain un fantôme apparaît à mes yeux ;
Il s'avance , et levant un front majestueux :

Pourquoi , dit-il , toujours vivre dans les alarmes?
Pourquoi toujours gémir et répandre des larmes ?
Ah ! pourquoi de tes pleurs inonder mon cercueil ?
Dans ce jour , qui pour vous fut un long jour de deuil,
Le ciel brisa mes fers , et d'une main propice
Du crime sous mes pas combla le précipice.
O jour trois fois heureux! appaise ta douleur,
Ma mère , cesse enfin de pleurer mon bonheur.

A ces mots, la terreur, l'abattement , la crainte ,
Ont glacé tous mes sens , et ma voix s'est éteinte.
Sa démarche imposante imprime le respect ;
Je tiens les yeux baissés à ce terrible aspect ;
Je voudrais lui parler , mais ma voix gémissante
Expire au même instant dans ma bouche impuissante.
Je flottais incertaine , et long-temps dans l'erreur,
Tremblante j'ai tout pris pour un songe trompeur.

Je me rassure enfin : « Eugénie , ô ma fille ,

Objet de ma douleur, espoir de ma famille,
Est-ce toi que je vois ? est-ce toi que j'entends ?
Ou l'effet d'un vain songe abuse-t-il mes sens ?
Je ne me trompe point ; c'est toi, chère Eugénie,
J'ai reconnu ta voix. Ah ! quel puissant génie,
Quel être bienfaisant te rend à mon amour !
Quoi ! tu daignes descendre en ce triste séjour ! »

A ces mots, dissipant une brillante nue,
Dont l'éclat la dérobe à ma débile vue,
D'une simple mortelle elle emprunte les traits.
De sa beauté première elle a tous les traits ;
Son port paraît modeste, et la fleur du bel âge,
Et l'aimable candeur brillent sur son visage.
Là, dissipant enfin et mon trouble et mes maux,
D'un ton plein de douceur, elle parle en ces mots :

« A la vertu long-temps tu formas mon enfance ;
C'est par toi, par tes soins, oui, c'est par ta prudence
Que le vice toujours fut banni de mon cœur,
O ma mère, aujourd'hui je te dois mon bonheur.
Plus de larmes, la vie est courte et passagère ;
Dans peu l'éternité t'ouvrira la barrière ;
Là, nous n'aurons plus rien à redouter du sort :
Le temps, qui détruit tout, l'impitoyable mort,
Auront brisé pour nous leurs traits inévitables ;
Là, nous pourrons braver leurs coups épouvantables.

Et toi, mon père, aussi les cieux te sont ouverts ;
Oui , pour toi seul peut-être en ce monde pervers ,
L'homme méchant , toujours fécond en imposture,
Comblé de tes bienfaits , ferma sa bouche impure.

De plus près tout à coup je la vis s'avancer ;
Et soudain lui tendant les bras pour l'embrasser :
Ah ! qu'il me soit permis, ô fille que j'adore ,
Contre mon sein , hélas ! de te presser encore !
A mes embrassemens ne te dérobe pas ! »

Trois fois dans mon transport je lui tendis les bras ,
Et trois fois m'échappant comme une ombre légère ,
Eugénie a des cieux traversé la carrière.

Par DAUDIN , *Régent au Collége de Saintes.*